토요 쉼터 석촌호수

시산맥 서정시선 085

토요 쉼터 석촌호수
시산맥 서정시선 085

초판 1쇄 발행 | 2022년 2월 15일

지 은 이 | 차효범
펴 낸 이 | 문정영
펴 낸 곳 | 시산맥사
편집주간 | 김필영
편집위원 | 오현정 강수 최연수
등록번호 | 제300-2013-12호
등록일자 | 2009년 4월 15일
주 소 | 03131 서울특별시 종로구 율곡로 6길 36,
          월드오피스텔 1102호
전 화 | 02-764-8722, 010-8894-8722
전자우편 | poemmtss@hanmail.net
시산맥카페 | http://cafe.daum.net/poemmtss

ISBN 979-11-6243-279-2 03810

값 10,000원

* 이 책은 전부 또는 일부 내용을 재사용하려면 반드시 저작권자와 시산맥사의 동의를 받아야 합니다.
* 이 도서의 국립중앙도서관 출판도서목록은 서지정보유통지원시스템 홈페이지(http://seoji.nl.go.kr)와 국가자료종합목록 구축시스템(http://kolis-net.nl.go.kr)에서 이용하실 수 있습니다.
* 이 시집은 교보문고와 연계하여 전자책으로도 발간됩니다.

토요 쉼터 석촌호수

차효범 시집

* 본문 페이지에서 한 연이 첫 번째 행에서 시작될 때에는 〈 표기를 합니다.

■ 시인의 말

서시

서로 늘 사랑한다

시로 늘 사랑한다

읽어서 절로 운율 나오고

보아서 쉽게 뜻이 통하며

곱씹어 뒷맛 우러나온다

2022년 2월, 대학교수 정년을 마치고

새로운 꿈을 맞이하며

■ 차 례

1부

귀가 — 19

숲 — 20

벗 — 22

추억 — 24

나무 — 26

마스크 — 27

구시월 — 28

도둑 열매 — 29

의자 — 30

우리 — 32

가을 — 33

떫은 마음 — 34

유리 — 35

11월 — 36

이슬 — 38

2부

살다 보니 – 41

산책길 – 42

그리움 – 44

비데 – 45

헛물 – 46

사계절 – 47

마지막 날 – 48

새해 50

해맞이 – 52

풋정 – 53

꿈과 시 – 54

설날 – 56

눈사람 – 58

허물 – 61

사람들 – 62

3부

눈맞춤 – 67

비 – 68

바람 – 70

나비 – 71

꽃 – 72

2020년 봄 – 74

커피 – 76

봄바람 – 78

5월 – 80

푸름 – 81

길에서 – 83

여행 – 84

선물 – 86

자작시 – 88

살가움 – 90

4부

사랑 – 93

동무 – 94

꿈길 – 96

살아가니 – 98

글 – 100

낯선 사이 – 101

그림과 시 – 102

살면서 – 104

답글 – 106

리빈호여재 – 108

벗 – 110

요일살이 – 112

연 – 114

빌다 – 116

석류 – 118

■ 해설 | 문정영(시인) – 121

1부

귀가

세속의 티끌 털고

물까치 둥지로 든다

수다한 무리 떠나

샛말간 숲속에 든다

산들바람 지나가고

긴 하루가 한숨 돌린다

숲

어서 와
넥타이 풀듯
가뿐하게 일상 봇짐 풀고
맨몸을 누이는 거야

반가워
스타킹 벗듯
홀가분하게 눈치레 허물 벗고
빈 맘으로 맡기는 거야

눈 감고 숲의 소리 들어 봐
귀 막고 숲의 빛깔 느껴 봐

숲길 걸으면
수풀 짙어서
샘터 안 보여도
걱정 마
깊은 샘물 촉촉이 흘러
갈증을 감로수로 적셔 줄 거야

〈
입 닫고 숲의 내음 맡아 봐
코 막고 숲의 입맛 삼켜 봐

숲길 걸으면
시푸름 녹아서
가쁘게 들숨 날숨 즐겨도
괜찮아
숱한 잎새가 흔들어 대며
바람을 산소로 채워 줄 거야

마음을 놓아 버리고
몸으로 맞닿아 봐
머리가 고마워할 거야

벗

너는 너대로
나는 나대로
우리 그대로
그렇게 그렁저렁

그때 그 맘도
지금 이 뜻도
있는 그대로

좋은 게 좋은 거
그냥 그대로

어깨에 팔 걸고
걸음 폭 맞추어서
한결같은 담수지교
새록새록 솟는 정 따라

만나면 단비처럼
떠나면 잔설처럼

기뻐하고
서운하듯
느끼는 그대로
이렇게 이렁저렁

추억

어둠이 저녁 타고 내리면
밤하늘 별보다 밝아지는 정감
매콤달콤 피어난다

그이
늘 아끼고 싶다고
애틋한 속내 건네며
눈가에는 진주알 영롱히

그때
언제나 함께 있고파
은하수에 묻은 다짐 속삭이며
머리 위에는 빛무리 휘황히

오로지 꼭 같게 느끼기를
묵언 웃음 주고받으며
그곳
몸 주위에는 무지개 찬란히

〈
아침이 햇살 타고 열리면
새벽녘 별보다 반짝이는 정감
새콤달콤 일어난다

나무

한 줄기 뚝뚝이
홀로 서 있어도
잎사귀 팔 벌려
함께 서 있네

혼자 살아가는 개성 있어도
함께 어울리는 조화 즐기며
함께 어울리는 구속 있어도
혼자 살아가는 자유 누리네

사색적 단독이지만
사회적 여럿이구나

겨울 참 새하얀 시련 겪어도
여름 참 시뻘건 고난당해도
굳건히 의젓한 나무와
늘 그리며 사랑하는 벗 되고 지고

마스크

고마워
화난 얼굴
부드러운 박속같이 보여 주어서

흐뭇해
궂은 냄새
산딸나무 꽃내음으로 피어 주어서

귀여워
삐죽 입술
백장미 같은 우아함으로 내보여서

감사해
못난 얼굴
고운 박꽃으로 열어 주어서

참 기뻐
모든 얼굴
공평하게 백철로 빚어내어서

구시월

세단풍 붉은 바람결
파란 하늘 앞질러서
울타리 살짝 넘어
근질근질 밀려온다

벼이삭 노란 물결
파란 하늘 받쳐 들고
들판 너른 속으로
일렁일렁 불어온다

펼쳐지는 파란 하늘
그 속에는 하얀 마음
함께 있자 같이 살자
질끈질끈 동여맨다

도둑 열매

세월이 도둑이라
청춘 앗는 탓하지만

아픈 몸 고쳐 주고
시린 맘 나아 주고
무딘 힘 솟게 하고
얕은 정 북돋우고
설핀 사이 농익히고

세월이 열매 같이
주렁주렁 감사한다

의자

나는 튼실한 허벅지 미끈한 어깨
그대를 유혹하니

내가 나무 철 딱딱해도
그대는 달항아리 엉덩이로 다가와
세상없는 곡선미 폭신히 안겨 주네

내가 텅 궁글어도*
그대는 탄력 육신 비비면서
산소 젖은 살내 흥건히 남겨 주네

내가 무언 무맛이라도
그대는 온갖 수다 버무리어
둘도 없는 귀맛 환희롭게 돋워 주네

내가 냉가슴인 척해도
그대는 열혈 가슴 흔들대며
붉게 달군 사람새** 솔솔 풍겨 주네

〈
뇌쇄 눈빛 알아채고
육감 몸짓 한껏 받으며
그대는 절정감 끝나자
온기 한 점 남기고 떠나네
가듯이 온다며

*궁들다 : 속이 비다.
**사람새 : 어떤 사람의 됨됨이.

우리

둥지에 동박새
더불어 사는 즐거움처럼

아옹다옹 작고 하찮은 일로
티격태격 뜻이 맞지 않아
옥신각신 서로 다투어도

도란도란 나직한 목소리로
옹기종기 여럿이 모여
오순도순 정답게 지내며
아기자기 어울려 예쁘게

연못에 비단잉어
한데 섞여 사는 기쁨처럼

가을

대봉시가
달콤한 색깔로
포도 위에 축축지근
입술 내밀고 있다

은행알이
구수한 색깔로
포도 위에 옹기종기
엉덩이 대고 있다

고개 들어 하늘 그림보다
목을 숙여 땅 위 그림에서
가을 눈맛 또 새김질한다

엷은 마음

벗과 한잔 들이켜고 싶구나

심회 술술 풀어만 준다면
노심 홀딱 벗겨만 준다면
초사 싹뚝 끊어만 준다면

주거니 받거니
이리로 저리로
따르고 마시고
저기서 여기서

그래도 떨떠름하면
감나무 최고봉에
엷은 마음 걸어두어
단감 익듯 내버려둘까

유리

깨지기 쉬운 기분이기에
깨지지 않는 살얼음판 깨트리고

깨지기 쉬운 성질이기에
깨지지 않는 유리천장 깨트리고

깨지기 쉬운 감정이지만
깨지지 않는 우리 사이 보듬어 안고자

11월

뜨거운 가을 보내고
시원한 가을 보내고
차가운 가을 아직 새우처럼 웅크리다

북적북적 곳곳에서 지내고
시끌시끌 때때로 지내고
강아지 뛰노는 가을
고이 뒷갈망 짓는다

고요히 보낸다고
움직임 없는 것 아니고
조용히 지낸다고
소리가 없는 것 아니다
고양이 걸음 가을

이제는 검부잿빛 가을
잔불 온기 보듬어
새로운 잉태 위해
다소곳이 갈무리해 둔다

속으로는 들끓는 채

차가운 30리
말없이 동행하며
지는 구절초 아쉬움에
이슬 되어 떠난다

이슬

뜨거운 사랑의 새벽 눈물

깊은 슬픔 아무리
어둠에서 떨어져도
새벽처럼 꽃 피운다

슬픔 넘쳐
마음 사르니
차가운 몸으로 영롱해도
애애절절 속내 발한다

뜨거운 마음의 새벽 사랑

2부

살다 보니

인심이 꽃이다
어느 꽃 안 예쁜가
사람 마음은 꽃보다 아름답다

자신이 풍족해야 인심 쓴다고 해도
거친 말 찬밥으로 대하여
마음씀씀이 고추 같으면
인심은 물 건너간다

호박꽃 낯으로 후끈하게 대접히면
미소 덧보태져 도로 받고
큰바위 얼굴 오히려 화롯불 마음
한강수만큼 인심 넉넉하게 흐른다

인심이 불이다
모든 불 따뜻하고
사람 마음은 불보다 핫핫거린다

산책길

길 나서면 늘 설렌다

숲속 오솔길
사근사근 걸으면
뭉클해진다

감추어진 산길
으쌰으쌰 걸으면
전율스럽다

바닷가 솔 내음 길
반짝반짝 걸으면
두근거린다

달빛 속 가로수길
더듬더듬 걸으면
황홀스럽다

석촌호수 밤 둑길

희끔희끔 걸으면
흐뭇해진다

길마다 움터 오는
그때 그이 멋
오늘도 부풀어
꽃처럼 맞다

그리움

안개 아니라
파도처럼
다그치고

시침 아니라
초침처럼
물밀려들어

묵은지 깊은 맛
여새기듯
차돌같이 뭉쳐 있는
잔정 몸부림

비데

엉덩이에 이슬 덩이

미워서 막 때리나

예쁘라고 다듬는다

복스러워 더듬는다

헛물

보고파요
주고받고

말소리만
설왕설래

두 발걸음
이리저리

마음먹기
갈팡질팡

사계절

겨울 봄 여름 갈

겨울 닫듯이 얼어붙고
봄은 열듯이 맞이하고
여름 익듯이 타오르고
가을 맺듯이 품어준다

겨울 닫아도 내다보고
봄은 열고서 피어나고
여름 익으며 옹골차고
가을 맺으니 마감한다

겨울 봄 여름 갈

마지막 날

모였다 사라지고
만났다 흩어지는
마지막은 슬프구나
이제는 추억이 되니까

떠나가는 육체 버리어
껍데기 보내고
남아있는 영혼 잡고서
알맹이 두었네
떠나고 비워야
맞이해 채운다

솟아서 흐르는
옹달샘 눈물이
떠나는 슬픔도
만나는 기쁨도
한 줄기에 담듯이

옛 이별이라 슬퍼하리

새 만남이라 기뻐하리
사라져 모이고
흩어져 만나는
마지막은 아름답구나
시작을 이루어
이제는 추억에 남으니

새해

지금 괜찮아
옛날 그리워
앞으로 좋겠지

여기는 괜찮아
거기는 편하니
언제나 좋기를

일터로 나가는
햇살 가득찬 한길에
빨주노초파남보 깔리면 좋겠어
집으로 돌아가는
꽃노을 즐비한 큰길에
빨주노초파남보 놓이면 좋겠어

서로 아끼고
같이 돌보며
아울러 좋도록

〈
으뜸 해 맞으며
둥근 달 품으며
두 손 모은다

해맞이

장미 꽃부리 하나

차가운 맨살로

짙은 술잔에 잠겨

새하얀 이에서

이리저리 매끈대며

뜨거운 입술로

골붉게 스며드는

옹골찬 사랑

이제 터지 듯

벅차게 서리담다[*]

*서리담다 : 마음속에 깊이 간직하다.

풋정

첫눈에 꽂힌 눈짓
어줍지 않고

하루 새 맺은 정분
서툴지 않고

덜 익은 몸짓말도
정성스레 부대끼면
단감보다 진한 멋

깊지 않은 속마음도
온몸으로 비벼주면
딸기보다 홧홧거려

바로 나와 활짝 피는
바닷물 하얀 꽃무리

꿈과 시

꿈은 눈 감고 꾸는 시
시는 눈 뜨고 짓는 꿈

꿈은 읊을 수 없는 시
시는 이룰 수 없는 꿈

꿈은 환상을 가꾸는 시
시는 일상을 다듬는 꿈

꿈은 모래 위에 쓰는 시
시는 종이 위에 그린 꿈

꿈은 머리에 남겨두는 시
시는 마음에 자리잡는 꿈

꿈은 시공간을 넘나드는 시
시는 시공간을 엮어주는 꿈

꿈은 아침이면 사라지는 시

시는 하루종일 살아있는 꿈

꿈은 감정이 무한대 확장된 시
시는 감정이 글자로 정제된 꿈

꿈은 홀연히 선물처럼 나타나는 시
시는 산고 뒤 생명처럼 태어나는 꿈

꿀맛 넘치는 꿈을 꾸고
살맛 터지는 시를 짓다

설날

떠나가는 서운함
동자에 맺혀
눈시울을 적시며
추억 한아름

만나려는 설렘이
마중 나가니
버무리떡 모시고
희망 한가득

있는 자 없는 자
공기 맘껏 마시듯
자유롭기를

높은 자 낮은 자
밑에서 시작하듯
평등하기를

잘난 자 못난 자

서툴며 익혀가듯
행복하기를

이 민족 저 민족
모자라 서로 돕듯
공존하기를

세상 모든 존재
있는 대로 그대로
평화롭기를

새 가슴이 먼눈으로
그려 봅니다
하얀 눈이 온 세상
똑같이 안아주듯
잔별 불씨 모아 모아
온누리 비추기를

눈사람

나는 겨울 망부석
샛별 보내고
여명 속에 내려와
장독대 앉다

눈 코 입 귀 손 발 배
하나 없어도
주인님 마음 닮아
얼굴 생기니
숯 눈썹 고추 입술
꽃 마음 따라 활짝

님 떠난 한밤중에
속닥속닥 잔별 속삭임
반짝반짝 달빛 깜박임
흔들흔들 바람 흔들림
스륵스륵 구름 스쳐감

아침 기다려

낱낱이 수다 떨 거야
다음 밤엔 뒤늦게
지켜주겠지
혼자는 외로우니
님이 그리워

햇볕 받으며
그렇듯 기다리고
견디지 못해
스스로 다 비리고
산소처럼 벗어
까망 빨강 흘리고
햇발 속에 사라져도
눈물처럼 남긴다

시끄러운 세상에
조용히 내려
힘없는 몸매지만
하얀 마음 심는다

〈
속으로는 짝사랑
밖으로는 첫사랑
고요히 오듯이
뜨겁게 있다가
말끔히 떠난다

허물

양말 벗고
속옷 벗고
홀라당 다 벗어도

묵은 때 벗고
시골티 벗고
훌러덩 썩 벗어도

콩깍지 못 벗기듯
숨어 있는 제 꺼풀
몸으로 빤히 느끼며
훅 못 벗는다

끝 간 데 없는
얼음장 벽 헐리듯
홀딱 벗고파
눈 내리듯 고운 산소
느긋이 입고파

사람들

도시는 불
낮이 그리워 온갖 주위에 걸어 둔다
시골은 별
밤을 즐겨서 온갖 하늘에 심어 둔다

도시는 자동차
경적음 기계음으로 에둘리어
탁한 소리 멀리한다
시골은 풀벌레
새소리 물소리 얻어 들으며
맑은 소리 가까이한다

도시는 고양이
깔끔하면 예쁘다고
온갖 인조물 발길에 박아 놓는다
시골은 강아지
편리하면 지루해져
온갖 일거리 발끝에 늘어놓는다

〈
도시는 아가씨
대낮에 피부 탄다고 햇빛 피한다
시골은 어머니
대낮에 곡식 익도록 햇볕 반긴다

도시는 유리 같아
담 넘어도 낯선 이웃
멀리 있는 관계인 더 친근하다
시골은 수박 같아
담 넘으면 이웃사촌
옆에 있는 인정간 더 다정하다

도시는 해바라기
멀리 자연 바라보며
사람 그린다
시골은 능소화
칭칭 자연과 어울려
사람 즐긴다

눈맞춤

육신은
눈물 속에 싸여서
촉촉한

영혼은
정열 속에 묻히어
뜨거운

두근두근
꿀물에 달뜨는* 듯

콩당콩당
축제에 들뜨는 듯

첫 맞춤

속 깊이 휘몰아친다
끝없이 사무친다
절정 오르는 가슴에

*달뜨다 : (마음이) 흥분되어 들썽거리다.

비

비는 내려온다
맘도 따라온다

봄비 소록소록 적셔 주고
마음 애잔히 들썽거리어
함초롬한 사랑 방울인 양 맞이하며
기웃기웃 아침 다가온다

여름비 우락부락 내리퍼붓고
서로 뜨겁게 그리워서
불끈거리는 태양 진땀인 양 배어들며
성큼성큼 대낮 질러온다

가을비 으슬으슬 스며들고
걸음마다 애달프게 허전하여
웅숭깊은* 그리움 이슬인 양 들이닿으며
스멀스멀 저녁 밀려온다

겨울비 추적추적 젖어 들고

가슴앓이 세차게 일어나
못 이룬 구애 눈물인 양 줄곧 흐르며
스산스레 밤중 깊어 온다

비는 올라가지 않는다
맘도 거스르지 않는다

*웅숭깊다 : 크고 넓다. 깊숙하다.

바람

봄꽃 바람 아물아물
치마 바람 치렁치렁

가을 바람 솔래솔래*
사내 바람 사뿐사뿐

바람 따라 이렁저렁
우리 사이 울렁울렁

*솔래솔래 : 조금씩 조금씩 가만히 빠져나가는 모양.

나비

그리워 소리 내니
더욱 그리워
보고파 티를 내니
더욱 보고파

그리워 속으로만
안달하여도
보고파 안으로만
애달파해도

눈가에 그려지는
맘속에 사무치는
꽃
꽃

꽃 본 나비
그리워
꽃 보고파

꽃

본디
성내지 않고
다투지 않고
샘내지 않고
어울려 사는
꽃밭에서

진달래
우아하고 영리한
고상하게 아름답다

장미
화사하고 영민한
두드러지게 곱다

안개꽃
정숙하고 영특한
귀엽게 맵시롭다

〈
호접란
농염하고 영명한
무르익어 아리땁다

해바라기
지혜롭고 영준한
미덥게 예쁘다

꽃 태보다
속 깊이 영롱한
꽃 마음
두둑이 맞이한다

2020년 봄

산천에 풀빛 돌아
봄 다시 싹 트는 줄

맘 밖에 머문 봄 내*
오는 듯 말 듯

못된 미물 날뛰고
심신 그냥 지루해도

여전히 그리운 개나리
속
꽃바람으로 불타고 싶어

사뭇 지지 않는 목련
품
꽃그늘에 걸타고 싶어

살웃음 가득한 진달래
뺨

꽃향기로 애타고 싶어

마음은 봄빛
그대로 깔묻혀** 가자

*내 : 냄새.
**깔묻히다 : 무엇에 깔리어 보이지 않도록 덮이다.

커피

잔 들고
눈길 보내
갈빛 마신다

잔 들고
귀 기울여
지저귐 즐긴다

한 모금에
천근 몸
춤추고 있다

잔 들고
코를 뻗어
그윽함 맞는다

잔 들고
혀를 말아
달콤새큼 누린다

〈
향 맛에 젖어 들어
멍에를 털고
두둥실
꽃구름 탄다

봄바람

유리창에 꽃잎 하나
바람 휘불어
냉큼 자리 잡는다

뜻밖 만남은 꽃 닮은 선물

한참 더불어 깃들이며
나날이 꽃그늘 속에서 소풍

함께한 추억은 꽃 같은 행복

바람 치불어
훌쩍 떠나 버린다

이별은 꽃만큼 짙은 슬픔

눈은 쾡하니 꽃자리에 머물고
맘은 텅 비어 꽃자리를 헤매고
홀연 깨어진 물그림자이런가

〈
바람이 얄망스럽다*

*얄망스럽다 : 괴상하고 까다로워 얄미운 듯하다.

5월

5월의 문턱은
아직도 소풍 가는 전날 밤의 설렘
솜사탕이 혀끝샘 울리는 벗님 만남의 즐거움
수수꽃다리 몰캉몰캉 물러져 서서히 보내며
아쉬움 가득 모아 꽃가방 속에 밀어 넣는다

5월의 허리는
축제 속에서 즐겨하는 환희의 절정
끝 간 데 없이 뜨거워진 사랑의 기쁨
장미 꽃부리를 하나하나 빼닮아 영육 붉게 물들어
무지개 하늘빛 품에 박혀 터지도록 희열한다

5월의 꼬리는
봄날 끝자락의 화려한 이별 전야
서글픔 쭈빗쭈빗 물리고 새 마중 나가는 수줍은 반가움
작약의 치명적 미소 짓쩍게 맞이하며
물수제비 환호 속에 잔돌처럼 떠난다

푸릉*

무슨 색깔 좋아해
푸른 색 좋아
무엇이라 부르지
푸릉이라 해

빨강 노랑 파랑은
모두 있는데
하양 까망 있고 왜
푸릉은 없지

풀잎에서 나오니
나뭇잎과 어울려
푸른 들판 숲에서
푸릇푸릇 힘내어
푸르게 살고 지고

무슨 색깔 좋아해
푸릉이 으뜸

봄 여름 논밭 숲 다
푸룽이 듬뿍

*푸룽 : '푸르다'의 명사형으로, 새로 만든 말.

길에서

빨노푸 만났어요

빨강 반짝 한다면
빨리 서야 해
가슴이 놀랬잖아
빨강 서야 해

엄마 아빠 노랑이야
잠깐 기다려
해바라기 서 있잖아
노랑 기다려

푸릉 반짝 한다면
이제 가도 돼
풀 나무 손짓해요
푸릉 가도 돼

발 맞춰 오손도손
미소 띤 걸음

여행

찾아가는 호기심
알사탕이 줄줄이
곳곳 휘휘 다니니
깨소금 향기 솔솔

눈 가득 몰아 보는 볼거리
눈맛 즐거움
손 한참 놀아대는 놀거리
손맛도 재미
입 듬뿍 맛보는 먹을거리
입맛도 기쁨

흥겨움 넘쳐나니
일상에 꽃이 핀다

현지인 이방인
깜박깜박 눈 맞추며
오손도손 수다 떨며
귀맛도 희열

솔깃이 확 끌린다

두 발로 얻은
일탈이 꿀맛이다

선물

내어서 주는 것은
믿음 생기어
마음이 움직인 거

하늘이 해 비춰 준다
생명 돌보려는 마음

어둠이 달 내려 준다
소원 들으려는 마음

풀 나무가 꽃 피워 준다
멋 부리고 열매 맺으려는 거

개가 뒹굴어 배 보여 준다
반가워 어울리려는 거

살포시 등을 대어 준다
마음 살짝 내비치는 거

〈
넌지시 곁을 내어 준다
시나브로 친하자는 마음

지그시 손을 잡아 준다
마음 활짝 열어 보이는 거

보시시 몸을 껴안아 준다
한껏 받아들이는 마음

내어서 주는 것은
미더운 마음
달갑게 내린 선물

자작시

누에가 고치 짓듯
영혼 다듬어

비둘기 쪼아 대던 숱한 모이보다
조각가 쪼아 대는 돌덩이 하나처럼

빗물에 씻겨 가는 화려한 물감보다
세월에 씻겨 가도 영롱한 추억처럼

잎새에 흘러서 스러진 이슬보다
숲속에 흘러도 생기찬 샘물처럼

바위 굴려 소리 내는 우렁찬 천둥보다
몸을 비벼 소리 내도 청안한 나무 바람처럼

눈맛 번쩍
귀맛 솔깃
입맛 마닐마닐[*]

살맛** 보들보들
사랑 씨앗 심는 멋

*마닐마닐 : 무르고 부드러운 상태를 나타내는 말.
**살맛 : 세상을 살아가는 재미나 의욕.

살가움

한숨에 들이켜는 식혜 그 입맞춤

보들보들 촉촉이 깊은 속 영접으로
물선* 설렘 깨뜨리고 다소곳이 맞으며

밤하늘 속에서 개냥이 눈빛 새초롬히 드러내듯
제비꽃 참꽃마리 꽃봉 앙증맞게 벌려 주듯

실바람에 실려 와
바위 가슴 울린다

*물설다 : 낯설고 서먹서먹하다.

4부

사랑

눈을 맞히니
마음 덥히고

입을 벌리니
마음 열리고

몸을 녹이니
마음 동이고

동무

함께 어울려 같이 노는 벗

코 흘리면서 골목 어귀 앞집 옆집 우리 동네 아이
이름 몰라도 모두

키 크면서 우리 학교 우리 반 옆 동네 아이도
재미 같으면 함께

여드름 피면서 여자 아이 남자 아이 멀어지고
어깨동무 벗어나

머리 크면서 우리 학과 다른 학과 학우도 여학생도
마음 통하면 같이

바다 밖 나가서 이웃 나라 먼 나라 외국인
흥이 맞으면 어우러져

생업 취미 활동하며 밥 같이 먹는 사람
정이 붙으니 두루

〈
이제는 생활터 우리 동네 옆 동네 이웃사촌
얘기 나누니 더불어

요새는 먼 동네 먼 세상에 있어도
톡하면 같이 놀고
톡하며 함께 어울려

꿈길

외로워
너무 쓸쓸해
가슴 아픈 날에는

아무도
어느 누구도
만날 사람이 없어

맞볼 사람 없어도
보고픈 사람 있어
달콤히 다가간다

적어도
꿈길에는
기다릴 사람 있어
버선발
마중 간다

눈 뜨고 본다 해도

맘으로도 보아
몸으로 살아가도
맘으로도 살아

멀리 머문 님
보고 싶으면
생눈* 감고도 보아
마음 애타도

*생눈 . 아프지도 다치지도 아니한 멀쩡한 눈.

살아가니

해 떠서 질 때까지
총총 움직이고
달 떠서 그윽할 때
함빡 한숨 들이고

쓴 커피 달가워하듯
일을 해내고
단 벌꿀 즐겨하듯
쉼을 누리고

머물러 움직이니
일상이고
떠나서 숨 돌리니
일탈이고

나날이 한결같아
드물게 벗어나서
삶 속에 비빈 맛

〈
하루하루 너울대듯
내일도 오늘처럼
언제나 그대로
어쩌다 멋대로

글

깜박여 눈으로 보는 화면 글
쌈박해서 손쉽게 다가간다

곰곰이 머리로 읽는 종이 글
투박해도 손맛 있어 다가간다

훑어보면서 버스처럼 보내는 화면 글
눈으로 느껴도 수박 겉에만

읊어 보면서 무지개 꿈꾸는 종이 글
맘으로 느끼고 수박 속까지

한 계절 일년초 같은 화면 글
계속 보면 듣기 좋은 꽃노래

여러 해 다년초 같은 종이 글
자주 보아도 못다 한 연인의 정

화면 위에 흘러서 사라지는 글
종이 위에 머물러 덧새기는 글

낯선 사이

무성해서 그냥 흘끗 보니
잡초인 줄 알았지

이름 모를 풀이지만
여기 있음을 꽃으로 알려

미소 피어
말끄러미 바라보니
들꽃으로 맞이하고

소담한 자태 활활거리니
애틋한 눈빛 싹터 온다

산야 논밭 무명초로 주저앉으면
햇살 빗방울 그저 스쳐갈 뿐

마음 꽃밭 들꽃으로 껴안아 주니
보석 자태 뿜어내 애교 부린다

그림과 시

그림 한 폭을
눈맛으로 보면서

입맛 다시고
귀맛에 쏙 빠지고
향내를 맡고
손맛을 느끼듯이

시를 읽으며
입맛을 돋우고 싶다

시를 보면서
눈맛에 젖고 싶다

시를 들으며
귀맛에 잠기고파

시를 맡으니
향내 졸졸 쫓고파

〈
시를 느껴서
시인 맘결 타고파
같은 숨결 이루듯
바람결 따라

살면서

일 섞여져 화 쌓이니
온통 힘들어
익모초즙 눈 감고
찔끔 삼킨다

말 섞어서 정 나누니
신나게 기뻐
바나나즙 다시며
꿀꺽 먹는다

맘 꼬여져 화 짙으니
실로 괴로워
망설망설 소태즙
잽싸게 넘긴다

몸 꼬아서 정 다지니
정말 흐뭇해
홀짝홀짝 포도즙
느끼며 마신다

〈
이리저리 섞고 꼬고
여기저기 쓰고 달고
버무린 살맛

답글

상큼한 울림
빛 잔치 펼쳐 준다

눈 깜빡 맞대한다
글밭에 삐죽 들다

손 바삐 인사한다
맞이해서 들이다

입 뻐끔 소리 낸다
수다에 불붙이다

귀 활짝 열어 둔다
속마음 듣고 싶대

맘 심쿵 울려 준다
온갖 속내 건네다

〈
눈 손이 받아
마음으로 심는다
고요하나 깊은 정

리빈호여재*

시골에 터 잡은 지 이제 십여 년
갖은 풀 나무 짙어 새들 지지배배
밝도록 까만 하늘에 잔별들 속닥속닥
꿀잠 속에 몽실몽실 솜구름 탄다

통나무집에서 낮 머무르면
하루가 싱글벙글
마당을 둘러보니
종일 가지에서 놀다가
아직 모이 쪼지 못 한 새들이
도란도란 노래만 나누고 있어

통나무집에서 밤 자고 나면
아침이 달콤달콤
지붕을 살펴보니
밤새 위에서 놀다가
아직 귀가 못 한 잔별들이
새근새근 늦잠 자고 있어

〈
낮에는 새들에게 얘기 걸고
낮을 놀아주는 벗이 많아 좋아
밤에는 별들에게 빠져들고
밤을 함께하는 벗이 많아 좋아
나날이 솜사탕 잔치한다

*리빈호여재(俐彬浩與齋) : 여주시 대신면 계림리에 지은 통나무 주말주택의 이름이고, 리빈은 문양희의 호이다.

벗

곁에 머물어

생긴 대로
너의 길
혼자서 가도

품은 대로
나의 길
외로이 가도

몸은 처지 따라서
홀로 있으나

마음은 형편 보며
함께 있으니

밥 먹듯 힘 돋우고
맘 깊이 맺어주는

동심초 인연
소록소록 정 붙는
미쁨 듬뿍이

요일살이*

하루하루 돌고 돌아
일주일 이어 간다

초하루 눈썹달처럼
몸 사르는 월요일
우아하게 불씨처럼
맘 태우는 화요일
물 굽이쳐 내달리듯
잘 간다 잘 수요일
숲나무 굳건하듯
힘내자 힘 목요일
쇳물을 녹이듯이
열정 바친 금요일
몸과 맘 하나되어
쏟아 붓는 월화수목금

대지 위 온갖 육체
굴레 벗는 토요일
태양 아래 모든 영혼

티끌 터는 일요일

한 주일 돌고 돌아
새로운 삶 일궈 낸다

*요일살이 : 일주일을 한 단위로 반복해서 살아가는 생활.

연

높은 하늘에
파란 바람 따라서
하얀 마음 뜨고

- 살랑살랑 흔들며
떠나렵니다

- 아니아니 당기며
품으렵니다

- 바람 타고 저 멀리
떠나렵니다

- 바람났나 이리 와요
품으렵니다

바람은 불어
마음을 부풀리고

〈
바람은 뜸해
마음을 오그리고

연은 불리어
마음은 오락가락

빌다

하늘을 우러러서
꼭 비옵니다

제발 배고프지 말아야 하고
부디 고파도 조금 고프고
밀물 스르르 차오르듯
정말 빨리 배부르게 해 주세요

제발 슬프지 말아야 하고
부디 슬퍼도 조금 슬프고
아이들 까르르 웃음 짓듯
정말 빨리 기쁘게 해 주세요

제발 억울하지 말아야 하고
부디 억울해도 조금 억울하고
매듭 스르르 풀어지듯
정말 빨리 후련하게 해 주세요

제발 아프지 말아야 하고

부디 아파도 조금 아프고
소나기 우르르 지나가듯
정말 빨리 낫게 해 주세요

간곡한 심정이 파리 되어
앞발 들어 비비옵니다

석류

붉은 마음
내보일 때
못 다한 사랑
톡~
터질 때

■□ 해설

진솔한 글들의 따듯한 내음을 맡으며

문정영(시인)

　글이란 작가의 체험과 상상력이 결합하여 탄생한다. 특히 시는 은유적이며 함축적인 표현을 통하여 그 짧은 문장만으로 시인의 의식 세계를 독자에게 전한다.

　근래 시인들의 시가 지적(知的)이면서 내면의 세계를 탐구하다보니 난해하면서도 가독성을 잃고 있다. 모름지기는 글이란 전달력이 중요하다. 그리하여 시인의 체험과 독자의 공감이 함께하면서 시인은 글을 쓰면서 마음의 결핍이 해소되고 독자는 읽으면서 기쁨이나 아픔을 공유하게 된다.

　사실 시인은 2022년 2월 대학교수 정년을 맞이한다. 그러면서 새로운 꿈을 맞이하고 싶은 마음으로 시집을

엮게 된 것이다. 또한 전공분야가 아닌 새로운 세계를 탐구하고자 하는 시작업(詩作業)은 정말 고무적이면서 진정한 출발점이 될 것이라 본다.

어쩌면 시인이 새롭게 시를 쓴 계기는 조각이나 미술을 통하여 다 보여줄 수 없는 것들을 문자를 통하여 드러내고 싶었을 지도 모른다. 이는 '서시'를 통하여 잘 드러나 있다.

"서로 늘 사랑한다/ 시로 늘 사랑한다" 인간이 가진 원초적인 감정인 '사랑'을 시인은 시를 통하여 보여주고자 한 것이다. 행간에 사람과 자연과 대상에 대한 깊은 애정이 있음은 곧 본문을 통하여 들여다볼 수 있을 것이다. "읽어서 절로 운율 나오고/ 보아서 쉽게 뜻이 통하며/ 곱씹어 뒷맛 우러나"오는 글이 진정성 있는 것이라 시인은 생각하고 있다.

그것은 동사보다 명사에서 얻을 수 있는 명징성에도 가깝다. 그의 시편들의 제목을 보면 특히나 명사형이 많고, 작품들의 호흡도 길지 않은 운율을 가졌다. 이는 시인이 생각하는 시에 대한 개념이며 그의 시가 주는 따뜻한 의미 부여일 것이다.

이제 그의 시편들을 들여다보면서 그가 걸어가고자 하는 시의 길을 따라 가보자. 고도의 세련됨이나 감각적인 묘사 없이도 그가 살아온 세상을 엿보이기는 충분해 보인다. 이는 어쩌면 연륜과 사물을 바라보는 깊은 통찰의 힘이 있기 때문이 아닐까?

그의 시편들은 시인이 살아오면서 체득한 인간 내음을 체험적인 삶, 자연, 인간관계가 서로 잘 어울리도록 엮은 것들이다. 그래서 구분 지어 나누기는 어렵지만 그래도 세 개의 파편으로 읽어보면 좀 더 시인의 세계와 가까워질 것이다. 이 글은 해설이라기보다는 시인의 시를 좀 더 가깝게 읽어보자는 의미로 보아주면 좋겠다.

1. 시인의 체험을 바탕으로 들여다본 세상읽기

사람은 자신을 사랑할 줄 알아야 한다. 그래야 타인과 사물을 사랑할 수 있다. 인간의 가장 필요한 감정이며 이 시대에 점점 부족한 감성이 바로 '사랑'이다. 그 사랑의 풍요로움이 사회를 가치 있게 할 것이며, 그 배려를 통하여 우리는 서로에게 따듯한 마음을 나눌 수 있을 것이다. 아래 작품은 "물까치"의 귀가를 통하여 인간들의 삶을 엿보는 명징한 시이다. 누구나 알고 있지만 시적인 표현을 함유하여 쓰기는 어렵다. 본래 단순한 것이 더 어렵다는 말도 있다. "긴 하루가 한숨 돌린다"는 은유적인 표현은 그래서 사유가 깊다.

  세속의 티끌 털고

  물까치 둥지로 든다

  수다한 무리 떠나

  샛말간 숲속에 든다

  산들바람 지나가고

  긴 하루가 한숨 돌린다

  -「귀가」전문

아래 시에서도 시인은 오래 체득한 체험적인 "깨지기 쉬운"과 "깨지지 않는" 관계를 통하여 우리라는 존재를 들여다보고 있다. 어쩌면 우리는 깨지기 쉽기 때문에 "보듬어 안"아야 하는 것 아닐까. 시인은 짧은 행간으로 현대를 살아가는 우리들이 생각해야 할 부분을 일러준 것 같다. 유리란 깨지기 쉽지만 투명한 관계를 의미하기도 한다. 우리가 서로를 투명하게 바라보고 껴안아 줄 때라는 것을 암시하고 있다.

    깨지기 쉬운 기분이기에
    깨지지 않는 살얼음판 깨트리고

    깨지기 쉬운 성질이기에
    깨지지 않는 유리천장 깨트리고

    깨지기 쉬운 감정이지만
    깨지지 않는 우리 사이 보듬어 안고자

    -「유리」전문

 위의 두 편의 시가 단순하며 명징한 세계라면 아래 두 작품은 조금은 복잡하고 깊은 세계를 들여다보았다고 할 수 있다. 현대를 살아가는 호모사피엔스는 얼마나 절박한 긴장감으로 살아가는 것일까. 잠시 나를 놓아버리면 존재감이 사라질 것 같은 세상, 그래서 "인심"은 소중한 것이다. "인심이 꽃"이며 "불"인 것이다. 꽃처럼 피어서 주변을 환하게 해주고 불처럼 따뜻하게 해주라는 것, 그것이 시인이 "살다 보니" 느낀 통찰일 것이다.

인심이 꽃이다
어느 꽃 안 예쁜가
사람 마음은 꽃보다 아름답다

자신이 풍족해야 인심 쓴다고 해도
거친 말 찬밥으로 대하여
마음씀씀이 고추 같으면
인심은 물 건너간다

호박꽃 낯으로 후끈하게 대접하면
미소 덧보태져 도로 받고
큰바위 얼굴 오히려 화롯불 마음
한강수만큼 인심 넉넉하게 흐른다

인심이 불이다
모든 불 따뜻하고
사람 마음은 불보다 홧홧거린다

－「살다 보니」 전문

아래 작품은 그간 근무한 대학을 떠나는 시인의 마음이 잘 담겨 있다. 물론 인간의 희로애락과 생사가 담겨 있기도 하지만, 시인은 "마지막은 아름답"다는 인식을 가지고 떠날 준비가 되어 있다. 그것은 그가 지금껏 살아온 삶이 따뜻하였다는 것을 증거 하는 것이기도 하다. 새로운 출발이 또 다른 인생이 되기를 기대해본다.

모였다 사라지고
만났다 흩어지는
마지막은 슬프구나
이제는 추억이 되니까

떠나가는 육체 버리어
껍데기 보내고
남아있는 영혼 잡고서
알맹이 두었네
떠나고 비워야
맞이해 채운다

솟아서 흐르는

옹달샘 눈물이
떠나는 슬픔도
만나는 기쁨도
한 줄기에 담듯이

옛 이별이라 슬퍼하리
새 만남이라 기뻐하리
사라져 모이고
흩어져 만나는
마지막은 아름답구나
시작을 이루어
이제는 추억에 남으니

— 「마지막 날」 전문

2. 자연을 통하여 인간 세상의 진정성 바라보기

　인간과 가장 가까운 것은 자연일 것이다. 자연의 이치는 인간의 본보기이다. 특히 현대인들이 나이 들어가면서 찾아가는 것이 자연 속이다. 이는 우리의 태생적인 근거가 자연에 있기 때문이다. 그러나 지금 얼마나 지구는 인간에 의해 황폐화되고 있는가. 이런 기후 환경에 민감한 시기에도 편안한 안식을 주는 자연. 그 중 시인과 가장 밀접한 '숲' '나무' '꽃' 등은 시인의 정서와 잘 맞는 것이다. 그런 정서 속에서 살았기 때문일 것이다. "넥타이 풀"고 "마음을 놓아 버리고/ 몸으로 맞닿아 봐/ 머리가 고마워할 거야"라는 시인의 의식은 누구나 공감할 수 있다.

    어서 와
    넥타이 풀듯
    가뿐하게 일상 봇짐 풀고
    맨몸을 누이는 거야

    반가워
    스타킹 벗듯
    홀가분하게 눈치레 허물 벗고
    빈 맘으로 맡기는 거야

    눈 감고 숲의 소리 들어 봐
    귀 막고 숲의 빛깔 느껴 봐

    - 중략 -

마음을 놓아 버리고
　　몸으로 맞닿아 봐
　　머리가 고마워할 거야

　　-「숲」부분

　아래의 시도 마찬가지이다. '도시'는 인간에게 쾌적한 삶을 주었지만, 삭막한 그늘을 남기기도 하였다. '도시'와 '시골'을 비유적으로 표현한 이 작품은 "사람들"에게 도시에서만 있지 말고 시골의 즉 자연의 여유로움을 가져보라는 그리하여 즐거운 삶을 영위하기를 바라는 마음이 들어 있다.

　　도시는 불
　　낮이 그리워 온갖 주위에 걸어 둔다
　　시골은 별
　　밤을 즐겨서 온갖 하늘에 심어 둔다

　　도시는 자동차
　　경적음 기계음으로 에둘리어
　　탁한 소리 멀리한다
　　시골은 풀벌레

새소리 물소리 얻어 들으며

맑은 소리 가까이한다

도시는 고양이

깔끔하면 예쁘다고

온갖 인조물 발길에 박아 놓는다

시골은 강아지

편리하면 지루해져

온갖 일거리 발끝에 늘어놓는다

- 중략-

도시는 해바라기

멀리 자연 바라보며

사람 그린다

시골은 능소화

칭칭 자연과 어울려

사람 즐긴다

-「사람들」 부분

비 오는 날 사람은 가장 깊은 우수에 잠긴다. 비가 주

는 단어의 어감도 그렇지만 자신의 내면을 씻어주는 그
리하여 자신을 아주 편하게 들여다볼 수 있는 분위기를
조성해주기 때문일 것이다. 그리고 웅숭깊은 자아를 발
견하기도 좋은 날이다. 물론 그리움이나 애달픔 허전함
도 함께 동반하기도 한다. "비는 내려온다/ 맘도 따라온
다" "비는 올라가지 않는다/ 맘도 거스르지 않는다"라
는 시인의 감성은 잘 익었다고 할 수가 있다.

   비는 내려온다
   맘도 따라온다

   봄비 소록소록 적셔 주고
   마음 애잔히 들썽거리어
   함초롬한 사랑 방울인 양 맞이하며
   기웃기웃 아침 다가온다

   - 중략 -

   비는 올라가지 않는다
   맘도 거스르지 않는다

  *웅숭깊다 : 크고 넓다. 깊숙하다.

―「비」 부분

　근래 시인의 생활터이며 미래의 삶을 영위할 리빈호여재(俐彬浩與齋)는 시인이 여주시 대신면 계림리에 지은 통나무 주말주택의 이름이고, 리빈은 문양희의 호라고 한다. 인생의 2막을 살아갈 준비를 차분히 해온 것이다. 어쩌면 시인은 이런 세상에 대한 기대감으로 도시의 생활을 견디어왔는지도 모른다. 조용하면서도 자신의 예술적 작업장소가 있다는 것은 얼마나 행복한가.

　　　시골에 터 잡은 지 이제 십여 년
　　　갖은 풀 나무 짙어 새들 지지배배
　　　밝도록 까만 하늘에 잔별들 속닥속닥
　　　꿀잠 속에 몽실몽실 솜구름 탄다

　　　통나무집에서 낮 머무르면
　　　하루가 싱글벙글
　　　마당을 둘러보니
　　　종일 가지에서 놀다가
　　　아직 모이 쪼지 못 한 새들이
　　　도란도란 노래만 나누고 있어

통나무집에서 밤 자고 나면

아침이 달콤달콤

지붕을 살펴보니

밤새 위에서 놀다가

아직 귀가 못 한 잔별들이

새근새근 늦잠 자고 있어

낮에는 새들에게 얘기 걸고

낮을 놀아주는 벗이 많아 좋아

밤에는 별들에게 빠져들고

밤을 함께하는 벗이 많아 좋아

나날이 솜사탕 잔치한다

- 「리빈호여재」 전문

3. 인간관계에 대한 시인의 시선 따라가기

 인간은 사회적 동물이다. 특히 코로나 펜데믹 시대에는 인간관계의 중요성은 더욱 크다. 먼저 바라지 말고 주어야 한다. 배려하고 이해하는 마음으로 상대방을 대한다면 진정성이 있는 관계가 될 것이다. 시인은 그런 깊은 인간의 의식의 흐름을 연결하는 존재이다. 인간뿐 아니라 자연과의 조화로운 관계도 소중하다.

어쩌면 이번 차효범 시인의 시집은 그런 관계에 대한 의미들이 각기 다른 소재를 통하여 밀접하게 연결되고 있는 통나무집인지 모르겠다. 아래 작품은 시인이 그런 관계를 '나무'를 통하여 보여주고 있다. 나무들은 각기 살아가면서 함께 어울려 숲을 만든다. 인간들 또한 각자의 개성을 가지고 살아가지면 결국 혼자는 살아갈 수 없는 존재이다.

   한 줄기 뚝뚝이
   홀로 서 있어도
   잎사귀 팔 벌려
   함께 서 있네

   혼자 살아가는 개성 있어도
   함께 어울리는 조화 즐기며
   함께 어울리는 구속 있어도
   혼자 살아가는 자유 누리네

   사색적 단독이지만

사회적 여럿이구나

겨울 참 새하얀 시련 겪어도
여름 참 시뻘건 고난당해도
굳건히 의젓한 나무와
늘 그리며 사랑하는 벗 되고 지고

- 「나무」 전문

 위의 시가 보편적인 관계를 지향한다면 아래의 작품은 구체적인 관계를 끌어내었다. 나무의자이든 철재의자이든 의자는 구체적으로 활용되는 사물이다. 그 사물에 따뜻한 온기를 불어넣은 아래 작품은 잘 쓰인 절창이다. 단순한 의자가 아닌 의인화된 의자의 역할을 갖고 있다. 그것은 나와 그대라는 남녀의 관계로서의 지긋함도 가지고 있다. 시인의 관찰력이 높게 드러난 작품이다.

 인간관계는 그렇게 서로의 필요에 의해서도 남녀 상호 관계의 지속적인 연결성을 위해서도 필요하다. 여기서 '의자'는 그 매개체 역할을 하고 있는 것이다. 어쩌면 조금은 부족하여도 조금은 맞지 않아도 의자처럼 잘 품어준다면 인간관계는 그리 어렵지 않을 것이다.

나는 튼실한 허벅지 미끈한 어깨
그대를 유혹하니

내가 나무 철 딱딱해도
그대는 달항아리 엉덩이로 다가와
세상없는 곡선미 폭신히 안겨 주네

내가 텅 궁글어도*
그대는 탄력 육신 비비면서
산소 젖은 살내 흥건히 남겨 주네

내가 무언 무맛이라도
그대는 온갖 수다 버무리어
둘도 없는 귀맛 환희롭게 돋워 주네

내가 냉가슴인 척해도
그대는 열혈 가슴 흔들대며
붉게 달군 사람새** 솔솔 풍겨 주네

뇌쇄 눈빛 알아채고
육감 몸짓 한껏 받으며

137

그대는 절정감 끝나자

온기 한 점 남기고 떠나네

가듯이 온다며

*궁들다 : 속이 비다.
**사람새 : 어떤 사람의 됨됨이.

― 「의자」 전문

  마지막으로 들여다본 아래 작품은 지금까지 살아온 시인의 연륜이 아주 쉽게 펼쳐져 있다. 우리가 가고 싶고 살고 싶은 관계를 적확하게 잘 풀어낸 것이다. 결국 우리가 이 지상에서 아름답게 살다 가기 위해서는 서로에게 맞물려 있는 "떫은 마음"을 "단감 익듯" 내걸어두어야 한다. 내가 가진 것들 중 "심회" "노심" "초사"를 다 익힌다면 그런 관계를 지양하고 산다면 시인이 추구하며 걸어가고 싶은 세상과 맞닿아 있을 것이다.

  이제 새로운 인생을 살아갈 준비를 마친 차효범 시인의 앞날이 더욱 빛나기를 바라며 "벗과 한잔 들이"키는 우정으로 지상에서 살아가는 삶이 가치 있기를 바래본다. 무엇보다 이번 시집 발간을 진심으로 축하드린다.

그것은 시인의 새로운 발자취가 될 것이다. 더욱 깊어지기를 바래본다.

벗과 한잔 들이켜고 싶구나

심회 술술 풀어만 준다면
노심 홀딱 벗겨만 준다면
초사 싹뚝 끊어만 준다면

주거니 받거니
이리로 저리로
따르고 마시고
저기서 여기서

그래도 떨떠름하면
감나무 최고봉에
떫은 마음 걸어두어
단감 익듯 내버려둘까

-「떫은 마음」 전문